Réussir ses oraux administratifs

Les 8 principes gagnants

Emeline FLAMEND

Europa Ebooks Editions
europaebooks@gmail.com

Composition : STB
Couverture : STB
Crédit photos : http://office.microsoft.com/fr-fr/images/

Edition numérique : Europa Ebooks

Réf. : 11-FRF-023
Première impression : 2015
Dépôt légal : 2015

europaebooks@gmail.com

Réussir ses oraux

administratifs

Les 8 principes gagnants

Emeline FLAMEND

Avertissement

Cet ouvrage y compris toutes les images, photographies et tout texte incorporé dans celui-ci est la propriété de l'auteur et est protégé par les dispositions relatives aux droits d'auteur.

Par l'acquisition de cette publication, vous entendez respecter les lois en vigueur dans votre pays de résidence et décharger tacitement l'auteur de toute responsabilité envers une quelconque garantie ou remboursement sur dommages ou autres litiges.

L'auteur met à jour régulièrement les liens hypertextes contenues dans cet ouvrage, toutefois Internet évoluant très vite, l'auteur ne saurait être tenu pour responsable de tout changement qui serait intervenu depuis la parution de ce livre.

europaebooks@gmail.com

Avis aux lecteurs

Cette publication est rédigée pour votre information et votre plaisir.

Les informations contenues dans cet ouvrage ont pour objectif de vous faire découvrir le b.a.ba d'un art, d'une discipline, d'une technique.

Cet ouvrage ne prétend en aucun cas être exhaustif, mais il peut constituer une première approche du sujet. Bien sûr, vous êtes libre ensuite de poursuivre cet apprentissage en suivant les liens mentionnés dans ce livre qui sont mes coups de cœurs personnels, soit en surfant directement sur la toile pour effectuer une recherche par mots clefs.

Dans tous les cas, je vous souhaite une bonne lecture !

Très cordialement

Emeline FLAMEND

L'auteur et son éditeur ne sauraient être tenus pour responsable des résultats que vous obtiendrez en utilisant les méthodes indiquées dans ce fascicule.

Sommaire

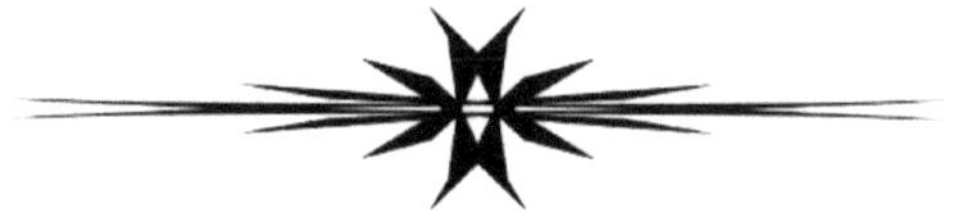

FELICITATIONS !

Oui, je vous félicite d'avoir acheté ce livre car il témoigne de votre volonté d'acquérir de bonnes méthodes de préparation pour réussir votre oral de concours administratif.

Que vous soyez déjà en poste au sein d'une structure publique et que vous vouliez accéder à un poste supérieur ou que vous veniez du secteur privé et que cela soit votre porte d'entrée vers le monde du secteur publique, vous trouverez dans cet ouvrage une méthodologie éprouvée qui vous permettra d'accéder au saint graal de « l'admission » - terme qui signifie que vous avez réussi un concours.

Pourquoi ce livre a-t-il plus de valeur que d'autres présents dans le commerce ? Et bien parce qu'il est le résultat de ma propre pratique personnelle en matière d'organisation.

Oui vous avez entre les mains les éléments secrets qui m'ont permis de réussir tous, je dis bien tous mes oraux…

Avec cette technique j'ai réussi mes oraux de catégorie C, puis B et enfin A.

Ce qui m'a permis d'acquérir un poste d'encadrement supérieur plus lucratif.

Votre objectif personnel n'est pas celui-là ? Qu'importe ! Vous avez entre les mains les clefs de votre réussite !

Appliquez les principes décrits dans ce livre et vous changerez votre destin.

Il n'y a que par le travail que l'on obtient la victoire ! J'espère contribuer, au travers de ce livre, à vous faire surmonter vos doutes, vos peurs, améliorer votre méthodologie de préparation et vous permettre de gouter au goût exquis de la réussite.

Bonne lecture à tous !

Principe N°1 : Reprogrammez votre mental

Vous avez juste gagné une bataille et non la guerre !

En effet, cela est surement dur à dire (plutôt à lire) mais vous n'avez fait que le premier pas vers la victoire.

Certes, cette première victoire de l'écrit est nécessaire pour accéder au deuxième tour de l'épreuve que constitue l'oral. Mais ne vous y trompez pas, l'oral est une véritable épreuve qui en a fait chuter plus d'un avant vous ; Alors ne sous-estimez pas la difficulté de la tâche qui vous attend et faite en sorte de vous y préparer.

Cette deuxième étape doit requérir de votre part autant de rigueur et de concentration que pour le passage de l'écrit ; L'épreuve est certes différente mais elle nécessite aussi la mise en œuvre implacable de certaines techniques qui vous permettront de la vaincre.

Alors, avant d'entamer ce second round, prenez un peu de repos. Savourez votre première victoire, après tout il y a surement des personnes que vous connaissez qui ne sont pas arrivées jusque-là.

Faites-vous plaisir, un peu mais sans exagération et après cela reprenez le chemin vers votre lieu de révision avec une forte détermination ce qui pourrait vous mener vers la victoire finale.

Calmement, commencez à prendre connaissance du contenu de ce livre afin de connaître les 8 principales techniques qui vous feront gagner.

Ainsi mieux préparé que vos concurrents, vous serez plus confiant pour passer votre oral !

Principe N° 2 : Stabilisez votre hygiène de vie

Une fois la joie passée, il vous faudra reprendre un rythme de vie plus serein. Plus centré sur vous. En effet, il est nécessaire que vous fassiez comprendre autour de vous, surtout si vous avez une famille, que vous allez être moins disponible pour votre entourage pendant un temps déterminé. Ce temps est précieux et il faut qu'il soit utilisé avec la meilleure efficacité voire efficiente possible.

Donc, ne négligez pas le fait d'informer les gens autour de vous de ce travail particulier que vous allez débuter. Vous êtes le maître au sein de votre préparation, mais obtenir la collaboration (pour du silence par exemple) et l'adhésion (pour une délégation de certaines tâches ménagères) de l'entourage est un bonus. Il ne faut négliger aucun des éléments qui mènent vers la réussite.

Alors faites les mises au point avec votre famille et lancez-vous dans la bataille de l'oral.

o   *Le sommeil*

Le sommeil est un élément important parmi l'ensemble des techniques que je vais décrire dans ce document.

Un sommeil de qualité est nécessaire pour bien assimiler les informations apprises dans la journée.

Alors évitez de modifier vos rythmes biologiques. Ne restez pas éveillé pendant toute la nuit si vous êtes un ou une lève tôt et vice-versa. Vous risqueriez de modifier vos phases de sommeil et vous mettre dans des cycles que vous n'arriveriez plus à réguler.

Pas assez de sommeil vous rendra irritable, et trop de sommeil vous rendra amorphe.

Donc conservez vos habitudes et calez votre préparation sur des plages horaires normales.

   o   ***L'alimentation***

Accordez un soin particulier à votre alimentation.

N'ingurgitez pas n'importe quoi sous prétexte que votre cerveau fait des efforts ; il lui faut plus de nutriments mais pas n'importe lesquels.

Mangez équilibré. Ne démarrez pas un régime à cette période où arrêtez-le si vous venez de commencer ! Votre corps et votre cerveau ont besoin de plus d'énergie pour faire face aux tâches supplémentaires que vous lui demanderez.

Buvez aussi régulièrement. Le corps est constitué d'eau à plus de 80 % alors buvez de l'eau ou des tisanes pour hydrater votre corps. Laissez tomber les sodas, les alcools pour le moment et ne forcez pas sur le café non plus. Vous reprendrez cela plus tard.

Profitez des bienfaits des fruits, des légumes frais et des crudités – si c'est la saison- sinon mangez des fruits secs (amandes, noisettes, etc). Consommez du poisson, des protéines végétales (tofu, soja) et des œufs.

o ***Les festivités***

Désolé, mais il faudra dire à vos amis que vous êtes aux abonnés absents ! Pas de festivités intempestives où l'alcool et autres produits coulent à flots. Ne vous laissez pas tenter !

Ne compromettez pas votre préparation pour une soirée bien arrosée qui pourrait finir, les jours suivants, avec l'estomac à l'envers et une migraine infernale. Ou pire, dans un lit d'hôpital suite à un accident.

Ne modifiez pas le rythme de vie que vous avez mis en place pour quelques plaisirs faciles !

Dites-vous que vous êtes en train de mettre en pratique la célèbre maxime : « un esprit sain dans un corps sain » alors gardez le cap ! Les fêtes, ce sera là encore pour plus tard.

o   ***L'activité sportive régulière***

Si vous en faisiez déjà, continuez votre activité physique mais de façon modérée. Par contre, et là encore ne débutez pas une activité sportive intensive au moment de votre préparation.

Vous pouvez si vous n'avez pas l'habitude de faire du sport, vous mettre à la marche ou au vélo. Des promenades régulières dans des endroits qui vous plaisent peuvent vous permettre de décompresser à certains moments.

Mais comme toute chose pas d'excès dans ce domaine sinon les dégâts pourraient être terribles.

Principe N°3 : Utilisez les thérapies complémentaires

a. Méthodes internes

○ Les compléments alimentaires et les vitamines

Si vous pensez que votre alimentation ne vous apportera pas assez de vitamines et oligo-éléments alors courrez, soit vers votre pharmacie si vous tenez à des produits conditionnés de façon aseptisée, soit vers votre magasin bio le plus proche si vous ne faites plus confiance à l'industrie pharmaceutique.

Qu'ils soient naturels, bio ou chimiques, vous trouverez dans ces boutiques toute une palette de produits qui vous permettront de compenser vos éventuelles carences alimentaires.

Vous pourrez même acquérir de quoi booster votre mémoire, votre concentration ou de quoi calmer vos angoisses et vos insomnies, en fonction de votre situation.

N'hésitez pas à faire appel aux techniques de médecines alternatives pour compléter votre panoplie.

Choisissez celles qui vous conviennent le mieux, ou combinez en plusieurs. Faites quand même attention à ce que leurs additions n'en n'annulent pas le bénéfice.

○ **Homéopathie**

La plus connue des méthodes douces. Si vous ne voulez pas prendre un rendez-vous avec un homéopathe, votre pharmacien peut vous indiquer quelques produits et les posologies qui s'y rapportent.

L'homéopathie peut vous aider, pendant votre préparation (concentration, mémoire, sommeil, inquiétudes) et surtout pendant l'épreuve elle-même (émotivité, trac, boule au ventre). Il existe des remèdes pour pratiquement tous ces problèmes.

○ **Phytothérapie**

Si vous préférez l'usage des plantes, la phytothérapie est faite pour vous. Les plantes sont utilisées pour leurs vertus médicinales. Fraiches ou plus généralement sèches, vous pouvez trouver en officine ou en magasin bio, les plantes qui vous conviendront le mieux pour améliorer vos performances physiques et intellectuelles.

○ **Aromathérapie**

L'aromathérapie est une autre façon d'utiliser les plantes. C'est l'essence, c'est-à-dire les substances actives de la plante qui sont récupérées à des fins curatives. Pas d'automédication ! Les huiles essentielles sont des principes actifs.

Demandez conseil à un professionnel ou un thérapeute pour choisir vos huiles. Vous pourrez ainsi en toute sécurité, en inhaler, en ingérer ou en verser dans votre bain.

b. *Méthodes externes*

o **L'Acupuncture**

Cette technique médicale chinoise ne se présente plus tant elle est connue en Occident. Elle a le mérite de pouvoir cibler avec précision un domaine à traiter.

Vous n'êtes pas assez concentré, vous avez du mal à dormir, des fringales vous prennent pendant vos révisions, des angoisses à l'idée de parler en public. Alors, faites-vous soigner par un acupuncteur.

L'Acupuncteur utilise soit des aiguilles, soit la moxibustion. Dans les deux cas, le résultat est identique et vous permet d'obtenir la tranquillité d'esprit pour mener à bien votre projet de passer l'oral.

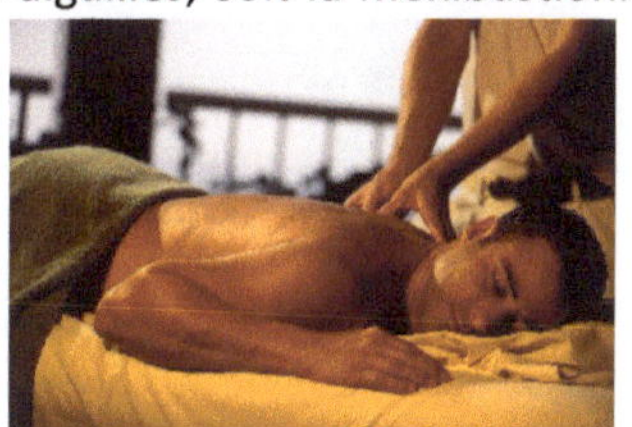

o **Le Magnétisme**

Si vous préférez les techniques occidentales, cette pratique est faite pour vous. Un magnétiseur saura vous insuffler son énergie en effectuant des passes au-dessus de votre corps. C'est-à-dire en effectuant des gestes lents d'un point à un autre de votre corps, dans un sens particulier, sans vous toucher.

- ○ **Le Reiki**

Cette technique japonaise est aussi très intéressante pour préparer psychologiquement et physiquement le candidat. Le praticien va, durant la séance, transmettre au patient de l'énergie à travers ses mains. Les mains du praticien se posent sur différents points du corps du patient en fonction de son ressenti extrasensoriel.

- ○ **L'EFT – Techniques de Libération Emotionnelle**

Cette technique thérapeutique américaine, basée sur des tapotements sur 9 points méridiens, à la particularité de vous permettre de résoudre seul vos problèmes physiques, vos blocages émotionnels : phobies, tract, peur, boulimie.

Vous pouvez mettre fin à tous ces soucis grâce à quelques rondes de tapotements et même utiliser l'EFT comme technique de développement personnel pour améliorer votre prestation.

Ces différentes techniques et produits vous aiderons dans la gestion quotidienne de votre préparation, mais vous devrez aussi préparer le contenu de votre intervention. Tant sur la forme que sur le fond.

Principe N° 4 : Préparez des fiches récapitulatives

Même si l'épreuve est orale, vous serez obligé pour la préparer de rédiger de nombreuses notes. Ces notes seront le fruit des différentes recherches et synthèses que vous aurez effectuées en surfant sur Internet ou en dévorant de nombreux livres et revues techniques.

o ***Préparation de fiches thématiques***

Dans tous les cas, il vous faudra rédiger des fiches sur les sujets importants de la profession.

Vous élaborerez donc des fiches sur différents thèmes, pour deux types de problématique :

- Celles liées aux structures territoriales, et à leurs spécificités

- Celles liées à l'actualité.

o   ***Les compétences des structures publiques***

Il faut que vous connaissiez parfaitement les compétences de chaque collectivité territoriale. Vous serez impardonnable si vous confondez les compétences des structures décentralisées et déconcentrées, de l'Etat et des collectivités territoriales. Rien ne vous sauvera si pour vous il n'y a pas de différences entre un Département, une unité départementale, une Région, une direction régionale ou une métropole.

Chaque collectivité a un périmètre d'action déterminée géographiquement et juridiquement. Vous devrez connaître les modes d'actions, d'élections, de financements respectifs.

C'est le minimum à savoir si vous souhaitez rentrer dans la fonction publique !

o   ***Les grands thèmes d'actualités***

Il y a toujours des grands thèmes qui secouent la fonction publique ! Il y a toujours des révisions, des modifications législatives portant sur une ou plusieurs compétences.

En général, tous les médias se font l'écho de tels débats : la télévision, la radio, les journaux, internet. Vous trouverez partout de nombreux commentaires et analyses d'experts pour alimenter vos fiches.

Il faut être vigilant sur tous les thèmes possibles et surtout être capable de pouvoir résumer en quelques phrases tout l'enjeu de tel ou tel point d'actualité.

o   ***Rédaction d'un discours ou simples mots clefs***

Que ce soit pour décrire votre parcours personnel, l'activité de votre service ou du secteur d'activité vers lequel vous vous destinez, vous devrez dans tous ces cas, rédiger un document.

Ce document d'une voire deux pages devra contenir les éléments importants de votre situation et présenter les objectifs de votre carrière ou du poste désiré.

Le plus simple est en général le meilleur, utilisez donc le système des « QQOCP » des journalistes pour écrire un article. C'est-à-dire la technique des questionnements « qui, quoi, où, comment, pourquoi » et vous aurez globalement dressé le portrait du sujet. Bien sûr, il ne s'agira pas de répondre à ces interrogations dans l'ordre décrit dans ce livre, il faudra travailler le sujet aussi selon un plan.

Organiser votre plan autour de quelques idées principales et sachez indiquer clairement les transitions d'une partie à l'autre.

Les types de plans les plus souvent utilisés sont :

- Les plans chronologiques (présentation des événements en fonction des dates)

- Les plans comparatifs (avantages /inconvénients)

- Les plans dialectiques (thèse, antithèse, synthèse)

Par exemple :

Si vous avez déjà un emploi et que l'oral porte sur votre carrière, privilégiez un plan qui développe votre cursus initial et vous permette de créer un lien avec votre fonction actuelle. Surtout, si aujourd'hui vous exercez une activité sans aucun rapport avec votre formation scolaire ou universitaire.

Introduisez votre sujet par une opposition : « bien que je fasse telle activité aujourd'hui (indiquez le nom ou le grade du poste), j'aurai dû être ..... En effet, mes études de .... (Précisez le secteur d'activité ou le diplôme obtenu) devaient me conduire vers telle activité (indiquez le nom du poste envisagé) mais un évènement familial (un rapprochement du conjoint, un divorce), ou professionnel (fermeture de l'entreprise privée, etc.) ou providentiel (une rencontre avec une ancienne connaissance, un article dans une revue) m'a donné envie de connaître les différentes activités effectuées dans le secteur ...... ».

Si vous n'avez pas d'emploi et que c'est votre première entrée dans le monde du travail, essayez de présenter vos expériences de jobs d'été dans le secteur de la fonction publique. Et si en plus, vous avez un diplôme dans le domaine administratif, le lien entre votre cursus initial et votre future carrière professionnelle devra être mis en avant.

Si la présentation doit porter sur un changement de poste, montrez plutôt dans votre plan les enjeux, la problématique des deux postes - entre l'ancien et le nouveau. Indiquez selon vous les avantages et les inconvénients (n'insistez pas trop sur cette partie, ou trouvez des inconvénients mineurs qui ne vous poseront pas de problème, ou qui seront justement des challenges pour vous).

Indiquez les changements d'idées avec des transitions comme : « Après avoir vu tel point, je vais maintenant vous présenter tel autre », « d'une part… d'autre part… ». Utilisez des adverbes « premièrement, d'abord, ensuite… finalement ».

En conclusion, soyez simple et clair dans la présentation de vos idées.

Par ailleurs, évitez de présenter les activités, les services rendus par le secteur public comme étant négatifs. Vous devez convaincre de votre bonne volonté à vouloir aider les citoyens, valoriser l'action de la fonction publique et être animé par le sentiment de servir l'intérêt général et non de vouloir bénéficier des avantages que procure la titularisation.

Donc, faîtes attention aux idées que vous mettrez en avant lors de cet entretien, vous aurez devant vous des personnes qui ont fait carrière dans la fonction publique et qui n'apprécieront pas de vous entendre égratigner leurs institutions.

Par ailleurs, il vous faudra travailler le discours en fonction d'un objectif qui dépendra de votre tempérament :

- Soit vous vous sentez suffisamment fort à l'oral et dans ce cas n'indiquez sur votre feuille que les mots-clefs. Ainsi vous ne serez pas perdu, si au cours de votre exposé un membre du jury vous pose une question, vous pourrez reprendre le chemin de votre présentation tranquillement.

- Soit vous voulez que tout soit complémentent balisé et dans cette perspective vous préférerez apprendre par cœur votre discours. Dans ce cas, prévoyez aussi des phrases de « récupération » pour reprendre votre discours là où vous l'auriez interrompu.

Rien de plus désagréable pour un jury que de voir un concurrent perdu dans le déroulement de son exposé… et une source de stress inutile pour le candidat.

o **Le texte**

Prévoyez des phrases courtes. Le texte doit être clair, et le vocabulaire simple mais technique.

Faites des phrases de transition, de synthèse pour indiquer au jury que vous changez d'idée.

Utilisez aussi les silences. Ils donnent du relief à ce que vous venez de dire, ou bien accrochent l'attention de votre auditoire sur ce que vous allez annoncer.

Votre présentation orale est un grand monologue que vous devez jouer à la manière d'un acteur. Donc mettez-y tout votre enthousiasme. Mettez de l'intonation si vous vous en sentez capable.

Organiser son texte est une chose, mais il faut aussi que le message transmis le soit dans les règles de l'art de la communication orale !

Principe N° 5 : Se mettre en situation réelle

Que vous soyez fan des nouvelles technologies informatiques ou plus traditionnaliste, de toute façon il vous faudra tester le rendu de votre discours écrit.

Dans ce cas il n'y a qu'un moyen pour savoir si votre discours en bien organisé, c'est de le déclamer.

Que vous préfériez le faire seul ou avec l'aide de quelqu'un, différents outils sont à votre disposition pour vous aider à mener à bien cette étape cruciale :

o   ***Discours chronométré devant une personne***

Pour mettre en œuvre cette technique, il vous faudra obtenir l'aide d'un tiers et posséder un minuteur.

Vous demanderez à cette personne de chronométrer votre présentation et vous pourrez ainsi avoir en direct un retour sur votre prestation. Vous aurez grâce à ce processus, une idée sur le fond et la forme de votre texte.

Peut-être serez vous obligé, à la suite de cet exercice, de changer certains mots ou d'idées dans votre texte.

Faîtes votre présentation autant de fois que vous le sentirez nécessaire pour vous sentir complètement à l'aise.

- ○ ***Outils informatiques modernes (ordinateur + webcam + minuteur)***

Si vous êtes plus adepte des nouvelles technologies de l'informatique, alors n'hésitez pas à les utiliser pour préparer votre oral.

Un simple ordinateur, muni d'une webcam et un minuteur posé sur votre bureau feront l'affaire. Enregistrez-vous autant de fois que nécessaire et analysez les vidéos. Cette technique à l'avantage de vous faire prendre conscience de ce que verront vos interlocuteurs.

Les tics gestuels et les mots intempestifs ou parasites vous sauteront littéralement à la figure.

N'hésitez pas à répéter votre présentation de nombreuses fois pour le « roder » comme disent les comédiens.

A la manière d'un artiste, il doit donner une impression de naturel.

Votre ordinateur contient surement un logiciel préinstallé ou vous pouvez en télécharger un gratuit tel que Webcam companion (version d'essai) sur le net.

Principe N° 6 : Domptez votre prise de parole

Avant de passer à la forme du discours quelques précisions sur le fond sont aussi utiles :

o   **Le trac et l'émotion.**

La prise de parole en public peut être chez certaines personnes une cause de stress et d'une émotivité non contrôlée.

Il vous faudra apprendre à maitriser les deux pour l'occasion : soit en absorbant des produits homéopathiques prescrits par un praticien, soit en effectuant des techniques de relaxation et de respiration abdominales profondes comme celles enseignées par le Yoga ou l'EFT.

Comme déjà dis précédemment combinez plusieurs techniques.

Attention aux tics verbaux. Bannissez les « Heu », « en effet », « effectivement » dans chacune de vos phrases.

- ○ **Le débit et la tonalité**

A l'occasion d'un oral, vous devez toujours ralentir votre débit. Parlez plus lentement ainsi vous pourrez vous écoutez parler et cela vous permettra aussi de réfléchir à vos prochains propos.

Le débit de la voix doit être régulier et assez fort pour être entendu de tous les membres du jury. Forcez- vous ! Surtout si vous avez une petite voix que l'on entend à peine.

De plus, faites attention au ton que vous prendrez quand vous vous exprimerez. Parfois, le stress conduit les femmes à avoir une voix plus aiguë, et les hommes une voix plus métallique. Apprenez à respirer avec le ventre pour avoir une voix plus ample et posée.

La tonalité de votre voix induira des réactions - positives ou négatives_ ainsi que de nouvelles questions chez les membres du jury.

Un ton plus grave, une articulation des mots juste un peu plus appuyé donneront plus de profondeur à votre discours.

Si vous avez un accent n'essayez pas de le masquer, au contraire dans votre introduction présenté le comme un élément de votre personnalité.

o   **Le vocabulaire technique**

Comme dans tout domaine d'activité, le secteur public a son jargon technique. Il est donc nécessaire de réviser la terminologie utilisée afin de l'employer à bon escient.

Réviser la définition des termes les plus courants.

o   **Les sigles**

Là encore, la fonction publique n'évite pas l'utilisation des sigles. Cependant attention, en fonction de l'activité de la collectivité, les mêmes sigles peuvent recouvrir des champs différents.

Ainsi « CP » peut signifier au sein du service des finances « Crédits de Paiement », et aux services des assemblées « Commission Permanente ». Donc si vous avez recourt à des sigles développez immédiatement l'intitulé complet de sa signification. Sinon vous risqueriez de créer des incompréhensions chez le jury que celui-ci pourrait interpréter comme des erreurs de connaissance.

Mêmes causes, mêmes effets : vérifier vos sigles et sachez parfaitement ce qu'ils signifient. Gare à l'erreur, le jour de l'entretien ! Les examinateurs ne vous feront pas de cadeau.

o   ***Le registre de langue***

Soignez votre vocabulaire. Evitez d'employer le patois et les expressions locales de votre région surtout si vous avez décidé de passer votre épreuve dans une autre région. Ce qui pourrait faire sourire d'un point de vue local risque d'être incompris à l'autre bout de l'hexagone.

Vous devez adopter un niveau de langue plus adéquat avec le type de communication nécessaire pour un oral.

Evitez d'utiliser le registre courant :

- Le langage populaire : celui qui contient des gros-mots, et le patois local qui sert à communiquer avec ces amis les plus proches.

- Le langage familier : celui qui contient des abréviations, des néologismes et du vocabulaire simple. Il sert à communiquer avec ses amis et sa famille.

Utiliser le registre soutenu :

- Le langage soutenu : celui qui contient des mots adaptés et recherchés. A privilégier dans ce type d'exercice.

- Le langage littéraire : celui qui contient des tournures de phrases littéraires et du vocabulaire très enrichi. Ce langage est plutôt réservé à l'écrit. Attention de ne pas en abuser à l'oral ! il pourrait vous desservir.

Principe N° 7 : Contrôlez votre apparence physique et votre gestuelle

○ **_Le type de vêtements et les bijoux_**

L'objectif d'un vêtement est de présenter votre personnalité, de vous mettre en valeur, mais aussi de permettre à l'individu de s'identifier au groupe auquel il veut appartenir. C'est aussi ce vers quoi vous devez tendre le jour de l'oral. Faire penser à vos  interlocuteurs que vous faites partie du même groupe institutionnel qu'eux : être un agent du service public.

Donc prévoyez une tenue relativement classique mais soignée. Un ensemble veste et pantalon, un tailleur peuvent être mis ce jour-là. Par contre, ne portez pas de vêtements neufs car vous risqueriez de ne pas y être à l'aise. Essayez vos habits quelques jours avant votre oral afin de voir à quoi vous ressemblerez et comment vous vous sentez dedans.

Au besoin, les femmes emporteront une paire de collants de recherche, en cas d'incident. Les hommes prendront une cravate de rechange afin d'éviter de se présenter avec celle-ci couverte de salissures, après un repas.

Idem pour les chaussures, rien de neuf ce jour-là. Vous devez vous sentir à l'aise dans votre tenue.

Par ailleurs, vous pouvez porter des bijoux mais là encore ils doivent être discrets et non ostentatoires. Attention aux bijoux à connotation religieuse, ils sont prohibés dans l'administration ! Alors portez les avec discrétion ou ne les portez pas du tout.

Laissez vos piercings à la maison ce jour-là. Portez quelques bijoux et broches simples.

- o *La coupe de cheveux et maquillage*

Il s'agit de ne pas paraître trop originale, tant au niveau de la coupe de cheveux que du maquillage. Privilégiez un maquillage discret.

Prenez rendez-vous chez le coiffeur une semaine avant l'entretien afin de ne pas paraître trop apprêté le jour J. Evitez une nouvelle couleur de cheveux, ou une nouvelle coupe excentrique pour cette occasion.

Les hommes en profiteront pour se faire tailler la barbe, s'ils en ont une.

Il faut qu'il se dégage de votre personnalité une impression d'harmonie générale. Le moins d'originalité ou excentricité possible ce jour-là.

- ○ ***Les gestes parasites***

Essayez de les repérer :

- Se passer les mains dans les cheveux plusieurs fois de suite,

- Remettre sa cravate en place continuellement,

- Essayer de rabaisser le bout de sa jupe trop courte,

- Faire des grands gestes avec les mains et les bras ou au contraire avoir l'air coincé,

- Jouer avec son stylo en le faisant passer entre tous les doigts ou appuyez continuellement sur le bouton poussoir.

Faites attention à l'impact négatif de ces différents gestes. Ils peuvent vous faire passer pour quelqu'un d'hyperactif ou hyper-angoissé. Ce qui serait néfaste pour le résultat de votre prestation.

Il faut être **CONGRUENT !**. C'est à dire qu'il faut que l'ensemble de votre posture et de vos paroles soient en accord.

Principe N° 8 : Ajustez votre attitude face au jury

o *La présentation face au jury*

N'oubliez pas avant toute chose de saluer les membres de votre jury, par un « bonjour mesdames et messieurs »

Le jury n'est pas votre ennemi même s'il vous paraît peu engageant et vous bombarde de questions dans tous les domaines. Il essaye juste de juger votre capacité à maîtriser un afflux d'informations en provenance de différentes sources, à rester calme en toutes situations et la pertinence de vos réponses.

Certes, cela fait beaucoup de chose à dompter en même temps. Mais cela se produit parfois lors de certaines réunions techniques avec des partenaires institutionnels.

A cette occasion, le jury juge l'aptitude du stagiaire à connaître une thématique et savoir la mettre en situation. C'est un ensemble qui est pris en compte et non un jeu de massacre auquel le jury vous fait participer.

Donc ne cherchez pas à essayer de percer les mystères d'une question en croyant qu'il y a de nombreux sous-entendus à celle-ci.

Il n'y a pas de gêne à faire répéter, préciser un mot ou une phrase dite par un membre du jury. Il vaut mieux répondre que l'on ne sait pas, ou qu'on ne comprend pas une question plutôt que de répondre à tout prix avec une information erronée. Les résultats en seraient catastrophiques ! !

o ***La posture***

Dès que le jury vous aura demandé de vous asseoir, ayez une tenue correcte sur votre chaise. Soyez naturel et détendu pendant l'entretien.

Ne croisez pas les jambes. Pas de bras croisés non plus, cela indiquerait que vous avez une sensation de peur ou de crispation vis-à-vis du jury.

Ayant une attitude dite « ouverte ». Les bras posés sur vos jambes, ou sur le bureau.

o ***Le regard***

Regarder l'un après l'autre les membres du jury quand vous vous adressez à eux. Ne vous appesantissez pas sur une seule personne.

Votre regard doit être direct et franc. On est tenté de fuir le regard du jury qui intimide mais au contraire, il faut regarder les examinateurs sans animosité.

Si vous êtes timide et avez du mal à fixer les personnes dans les yeux, imaginez un point au-dessus des yeux de la personne et regardez-le.

o   ***Fin de l'entretien***

N'oubliez pas de saluer vos examinateurs à la fin de l'entretien.

Il arrive souvent que l'impression de soulagement que l'on ressente à la fin fasse carrément oublier cette simple marque de politesse.

MEMENTO DES 8 PRINCIPES

1. Mentalement, oubliez ce que vous avez fait avant et préparez-vous pour une nouvelle épreuve : l'oral

2. Ne changez pas votre rythme de vie. Maintenez une hygiène de vie simple : un bon sommeil, une bonne alimentation et quelques exercices physiques.

3. Faites-vous aider par la science et les médecines douces pour améliorer vos capacités physiques, cognitives et émotionnelles, si nécessaire.

4. Effectuez des recherches sur les différents items qui feront partis des sujets de l'oral. Et, établissez un ensemble de fiches pratiques sur chacune des thématiques ainsi que leurs enjeux.

5. Travaillez votre exposé oral en le répétant plusieurs fois devant une personne ou un ordinateur. Apprenez à bien maîtriser le temps qui vous est impartis pour l'épreuve.

6. Entraînez-vous à savoir poser votre voix, ralentir son débit, utiliser un vocabulaire adapté. Et bien respirer pour que le timbre de la voix ne soit pas trop strident.

7. Ayez une tenue vestimentaire correcte, voire un peu classique. Une coupe de cheveux propre et un maquillage simple le jour J.

8. Arrivez suffisamment à l'avance le jour de l'oral pour le cas où vous seriez appelez plus tôt du fait du désistement d'un concurrent. Soyez poli en entrant dans la salle d'épreuve et en sortant, regardez l'ensemble des membres du jury quand vous parlerez. Soyez naturel et l'épreuve devrait bien se dérouler.

Conclusion

Avec tous ces conseils vous devriez être suffisamment armé pour affronter n'importe quel oral.

Ne baissez pas les armes tant que le jury ne vous annonce pas la fin de l'entretien. Ce sont parfois les dernières minutes qui font la différence.

Alors restez attentif jusqu'au bout de l'épreuve et qui sait vous aurez sans doute la joie de voir apparaître, quelques semaines plus tard, votre nom parmi la liste des « admis ».

Et là, vous pourrez vous vanter et dire à qui veut l'entendre « qu'un oral c'est tellement simple à préparer !!! »

Annexes des sites de références

Sites généralistes

Le site de l'administration française :

> *http://www.service-public.fr/*

Le site des publications de l'administration française :

> *http://www.ladocumentationfrancaise.fr/revues-collections/index.shtml*

Le site des débats publics :

> *http://www.vie-publique.fr/*

Le site de la direction de l'information légale et administrative

> *http://www.dila.premier-ministre.gouv.fr/*

Le portail de la formation publique en ligne :

> *http://www.formation-publique.fr/*

Sites juridictionnels

Le conseil constitutionnel :

> *http://www.conseil-constitutionnel.fr/*

Le conseil d'état :

> *http://www.conseil-etat.fr*

Le site de la diffusion du droit français :

> *http://www.legifrance.gouv.fr/*

Le journal officiel électronique :

http://www.journal-officiel.gouv.fr/

Le site des circulaires :

http://www.circulaires.gouv.fr/

Info-financière, le mécanisme officiel français d stockage centralisé des informations réglementées :

http://www.info-financiere.fr/

Le bulletin officiel des annonces des marchés publics (BOAMP) :

http://www.boamp.fr/

Le bulletin officiel des annonces civiles et commerciales (BODACC) :

http://www.bodacc.fr/

Sites institutionnels européens

Le parlement européen :

*http://www.europarl.europa.eu/news/public/default_fr.
htm*

Le Comité des régions de l'Union Européenne :

http://www.cor.europa.eu/pages/HomeTemplate.aspx

La commission européenne :

http://ec.europa.eu/index_fr.htm

Le portail de l'union européenne – politiques régionales :

http://europa.eu/pol/reg/index_fr.htm

Sites institutionnels nationaux

La Présidence de la République :

http://www.elysee.fr/

Le portail du 1er ministre :

http://www.premier-ministre.gouv.fr/

L'assemblée nationale :

http://www.assemblee-nationale.fr/

Le Sénat :

http://www.senat.fr/

Le Conseil économique social et environnemental :

http://www.lecese.fr/

Les juridictions financières françaises :

http://www.ccomptes.fr/fr/Questions-reponses/Les-competences-des-juridictions-financieres

Le portail du ministère de l'économie et des finances :

http://www.economie.gouv.fr/

Sites institutionnels territoriaux

Association des Régions de France :

http://www.arf.asso.fr/

Assemblée des départements de France :

http://www.departements.fr

Association des Maires de France :

http://www.amf.asso.fr/

Le site des collectivités territoriales :

http://www.dgcl.interieur.gouv.fr/

L'Assemblée des communautés de France :

http://www.adcf.org/

Informations sur l'intercommunalité dans Wikipédia :

http://fr.wikipedia.org/wiki/Portail:Intercommunalit%C3%A9s_de_France

Assemblée des communautés urbaines de France :

http://www.communautes-urbaines.com/

Association des maires des grandes villes de France :

http://www.grandesvilles.org/

Association des maires ruraux de France :

http://www.amrf.fr/

Association nationale des élus de la montagne :

http://www.anem.org/

Association nationale des élus du littoral :

http://www.anel.asso.fr/

Association nationale des maries des stations classées et des communes touristiques :

http://www.communes-touristiques.net/

Association nationale des maires des stations de montagne :

http://www.anmsm.fr/

Association des petites villes de France :

http://www.apvf.asso.fr/

Fédération des maires des villes moyennes :

http://www.villesmoyennes.asso.fr/fr/

Sites statistiques

Plateforme française des données d'ouverture des données publiques :

https://www.data.gouv.fr/fr/

Institut national de la statistique et des études économiques
(INSEE) :

http://www.insee.fr/fr/default.asp

Insee – portail collectivités territoriales

*http://www.insee.fr/fr/insee-statistique-
publique/default.asp?page=insee-accueil.htm*

Le portail de la statistique publique française :

http://www.statistique-publique.fr/

Centre d'analyse stratégique :

http://www.strategie.gouv.fr/

Base nationale d'informations sur l'intercommunalité en France :

*http://www.datar.gouv.fr/observatoire-des-
territoires/fr/base-nationale-dinformations-sur-
lintercommunalite-en-france*

Commissariat général à l'égalité des territoires :

*www.**cget**.gouv.fr/*

Sites divers

La Commission Nationale de l'informatique et des libertés (CNIL):

http://www.cnil.fr

La Haute Autorité de Lutte contre les Discriminations et pour l'Egalité :

> *http://www.halde.fr/*

Sites sur les fonctions publics

Le site de la fonction publique :

> *http://www.fonction-publique.gouv.fr/*

Le site de la fonction publique hospitalière :

> *http://www.fonction-publique.gouv.fr/fonction-publique-hospitaliere*

Le site de la fonction publique d'Etat

> *http://www.fonction-publique.gouv.fr/fonction-publique/fonction-publique-france-0*

Le site de la fonction publique territoriale :

> *http://www.fonction-publique.gouv.fr/fonction-publique/fonction-publique-france-1*

La Direction générale de l'administration et de la fonction publique :

> *http://www.fonction-publique.gouv.fr/fonction-publique-1088*

Le portail de la modernisation de l'action publique :

> *http://www.modernisation.gouv.fr/*

Ministère de la décentralisation et de la fonction publique :

http://www.action-publique.gouv.fr/

Le portail de l'Etat au service des collectivités :

http://www.collectivites-locales.gouv.fr/

Le site national des Centres de gestion de la Fonction Publique Territoriale :

http://www.fncdg.com

Le Centre national de la fonction publique territoriale :

http://www.cnfpt.fr/site/fr/

Sites privés traitant du secteur public

La gazette des communes :

http://www.lagazettedescommunes.com/

La lettre du cadre territorial :

http://www.territorial.fr/

Site d'information, d'emplois, de concours dans la fonction publique :

http://www.emploipublic.fr/

Le site des cadres territoriaux :

http://www.lettreducadre.fr/

Cours payants en ligne

Le Centre National Privé de Formation à Distance sous contrôle pédagogique de l'Etat :

> *http://www.cnfdi.com/formation-distance-redacteur-territorial*-f-170.html*

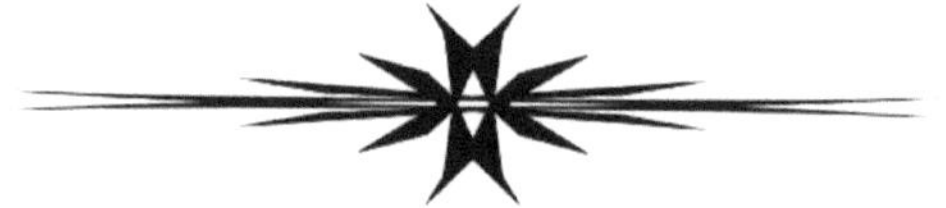

Réussir ses oraux administratifs,

Les 8 principes gagnants / Emeline FLAMEND

Renseignements *: europaebooks@gmail.com*

Copyrights © 2011- Emeline FLAMEND – tous droits réservés

Réf. : 11-FRF-023
Première impression : 2015
Dépôt légal : 2015

ISBN 979-10-91057-10-3